Niya

Ring Name: Niya
Height: 5' 3" (160cm)
Weight: 132lbs (60kg)
Debut: 2009

From: Bethlehem, PA USA
Finishing Moves:
Moonsault
Tequila Sunrise

Niya

KIMBERLY VS NIYA (WXW C4)

KIMBERLY VS NIYA (WXW C4)

PHOTOGRAPHER
ERIC SHAFFER

MIRANDA BANKS VS RENEE MICHELLE VS NIYA

(WXW C4)

PHOTOGRAPHER ERIC SHAFFER

PHOTOSHOOT
PHOTOGRAPHER: ERIC SHAFFER

RingShotz #2 Niya

PHOTOSHOOT
PHOTOGRAPHER: ERIC SHAFFER

PHOTOSHOOT
PHOTOGRAPHER: ERIC SHAFFER

NIYA VS AIDA MARIE

(WXW C4)

PHOTOSHOOT
PHOTOGRAPHER: ERIC SHAFFER

RingShotz #2
Niya

www.ingramcontent.com/pod-product-compliance
Lightning Source LLC
Chambersburg PA
CBHW041145180526
45159CB00002BB/736